BEI GRIN MACHT SICH IHR WISSEN BEZAHLT

AF140851

- Wir veröffentlichen Ihre Hausarbeit,
  Bachelor- und Masterarbeit

- Ihr eigenes eBook und Buch -
  weltweit in allen wichtigen Shops

- Verdienen Sie an jedem Verkauf

Jetzt bei www.GRIN.com hochladen
und kostenlos publizieren

Bibliografische Information der Deutschen Nationalbibliothek:

Die Deutsche Bibliothek verzeichnet diese Publikation in der Deutschen National-bibliografie; detaillierte bibliografische Daten sind im Internet über http://dnb.d-nb.de/ abrufbar.

Impressum:

Copyright © 2016 GRIN Verlag, Open Publishing GmbH
Druck und Bindung: Books on Demand GmbH, Norderstedt Germany
ISBN: 9783668376168

Dieses Buch bei GRIN:

http://www.grin.com/de/e-book/351307/entstehung-entwicklung-und-inhalte-des-chan-buddhismus-in-china

Laszlo Rupp

Entstehung, Entwicklung und Inhalte des Chan-Buddhismus in China

GRIN Verlag

GRIN - Your knowledge has value

Der GRIN Verlag publiziert seit 1998 wissenschaftliche Arbeiten von Studenten, Hochschullehrern und anderen Akademikern als eBook und gedrucktes Buch. Die Verlagswebsite www.grin.com ist die ideale Plattform zur Veröffentlichung von Hausarbeiten, Abschlussarbeiten, wissenschaftlichen Aufsätzen, Dissertationen und Fachbüchern.

Besuchen Sie uns im Internet:

http://www.grin.com/

http://www.facebook.com/grincom

http://www.twitter.com/grin_com

Friedrich Schiller Universität Jena
Institut für Religionswissenschaft/ Theologische Fakultät

Hausarbeit

Entstehung, Entwicklung und Inhalte des Chan-Buddhismus in China

Bachelormodul Einführung in den Mahayana-Buddhismus am Beispiel des Zen
Wintersemester 2015/2016
BA_RW_1/ Religiöse Traditionen der Gegenwart

László Leonard Rupp

Bachelor Kunstgeschichte und Filmwissenschaft/ Religionswissenschaft
Fachsemester: 1

Jena, den 08.04.2016

Inhaltverzeichnis

1) Einleitung

Zen-Gärten - Zen-Meditation - Zen-Philosophie. In der westlichen Welt geht von diesen Begriffen eine gewisse Faszination aus. Wir verbinden sie mit Japan, mit sorgsam geharkten Gärten und einer östlichen und deshalb mystischen, schwer durchdringbaren Lebens- und Denkweise. Dass diese Begriffe etwas mit der Lehre des Buddhismus zu tun haben, ist wahrscheinlich noch weitgehend bekannt. Doch dass der Buddhismus zunächst nach China gelangte, dort eine beachtliche Transformation vollzog und erst dann Verbreitung in Japan fand, dürfte so manchem neu sein. In dieser Verschriftlichung meines Vortrags - im Rahmen des Seminars „Einführung in den Mahayana-Buddhismus am Beispiel des Zen" bei Dr. Thanh Ho - soll die Entstehung des Chan-Buddhismus nachvollziehbar gemacht werden und grundlegende Elemente der Glaubenslehre thematisiert werden. Einleitend möchte ich die Geschichte des Chan-Buddhismus und seinen Weg von Indien nach China betrachten. Hierbei soll ein besonderes Augenmerk auf die Integration buddhistischer Lehren in die chinesische Kultur und das Zusammentreffen mit den Lehren des Daoismus und des Konfuzianismus gelegt werden. Anschließend erfolgt eine Einordnung des Chan-Buddhismus in die Schule des Mahayana-Buddhismus. Die prominente Rolle der Glaubensväter des Chan-Buddhismus, der Patriarchen, wird anhand von den zwei herausragenden Chan-Meistern Bodhidharma und Hui Neng veranschaulicht, wobei ich im Falle von Hui Neng auch auf seine prägende reformatorische Arbeit für seine Glaubensrichtung eingehen will, die als Grundstein für die Herausbildung der Chan-Schule des Buddhismus angesehen wird. Im letzten abschließenden Kapitel soll die Praxis des Chan mittels der Sitzmeditation und dem Lösen paradoxer Lehrsätze behandelt werden, um verständlich zu machen, welche Umsetzung der wichtige Chan-Grundsatz der „unorthodoxen Lehre"[1] erfährt. Zuletzt möchte ich die neugewonnenen Erkenntnisse noch einmal zusammenfassen und einen Ausblick zu möglichen weiteren Forschungsfeldern auf dem Gebiet des Chan-Buddhismus geben.

---

[1] HUI, Jing: Die Tore des Chan-Buddhismus; Bielefeld 2010, S.35.

2) Vom indischen „dhyana" zum chinesischen Chan-Buddhismus

Bereits in den ersten zwei Jahrhunderten unserer Zeitrechnung, der Zeit der chinesischen Han-Dynastie, breitete sich die buddhistische Schule des Mahayana in China aus. Die Lehre gelangte über die Handelsroute der Seidenstraße von Indien in das heutige China.[2] Zunächst erschwerten jedoch die institutionalisierten Religionen des Daoismus und des Konfuzianismus als staatstragende und etablierte Glaubensrichtungen die flächendeckende Ausbreitung des Buddhismus in China.[3] Der indische Buddhismus musste sich somit den lokalen Gegebenheiten in China anpassen, um neue Anhänger zu finden und von staatlicher Seite akzeptiert zu werden. Die Übersetzung der Sutren - der buddhistischen Lehrtexte - aus dem Sanskrit ins Chinesische bereitete Schwierigkeiten, sodass in einigen Fällen auf Begriffe aus dem Daoismus zurückgegriffen werden musste.[4] Auch wurden zentrale Glaubenselemente, wie beispielsweise der Verzicht auf theoretische Erörterungen von Glaubensfragen, zugunsten von konkreten Beispielen und Anekdoten als Lehrmethode aus dem Daoismus übernommen.[5]

Ein wichtiger Reformer des Buddhismus in China war Meister Dao An (312 oder 314-358). Er trug maßgeblich zur „Assimilierung und Integration des Buddhismus in die chinesische Kultur [...]"[6] bei. Hierfür war es nötig, die theoretischen Grundsätze des Buddhismus an die Vorstellungen des staatstragenden Konfuzianismus anzupassen. Ein Beispiel für einen solchen Versuch bietet der Fall der kindlichen Pietät. Im traditionell buddhistischen Verständnis bedeutet die kindliche Pietät, dass das Kind der Familie, welches in einen Mönchsorden eintritt, von Verpflichtungen gegenüber der eigenen Familie befreit ist, da es ab diesem Moment allen Kreaturen verpflichtet ist und eine hierarchische Abstufung der Hilfeleistung verhindert werden soll.[7] Dies stand im unüberwindbaren Gegensatz zu den Vorstellungen des von konfuzianischen Gedanken geprägten chinesischen Staatsapparates, der die uneingeschränkte Loyalität der Kinder zu ihren Eltern und letztendlich auch zum Staat sehr hoch einordnete. In Reaktion auf diese Differenzen veranlasste Dao An Reformen, die sich in Änderungen buddhistischer Lehrtexte in ihrer chinesischen

---

[2] ZÜRCHER, Erik: Buddhismus in China, Korea und Vietnam in: H. Bechert/ R. Gombrich (Hrsg.): Der Buddhismus. Geschichte und Gegenwart, München 1984, S.215.
[3] VON BRÜCK, Michael: Zen. Geschichte und Praxis, München 2004, S.20.
[4] RICHTSFELD, Bruno J.: Konfuzianismus-Daoismus-Buddhismus in: Claudius Müller (Hrsg.): Wege der Götter und Menschen. Religionen im traditionellen China, Berlin 1989, S.56.
[5] BOTTINI, Oliver: Das große O.W. Barth-Buch des Buddhismus, Frankfurt a. Main 2004,, S.176 f.
[6] Hui 2010, S.108.
[7] Ebd.

Übersetzung niederschlugen. Die kindliche Pietät, in Form der uneingeschränkten Loyalität des Kindes gegenüber Familie und Staat, wurde somit Bestandteil des chinesischen Buddhismus, letztendlich, um den kulturellen Gepflogenheiten der Chinesen gerecht zu werden.[8] Dao An reformierte auch das Mönchsleben, indem er Tempel errichten ließ, in welchen Landwirtschaft zur Selbstversorgung betrieben wurde. Den Mönchen, die bis dahin auf der Wanderschaft lebten, verhalf er somit zu wirtschaftlicher Unabhängigkeit. In der Folge breitete sich der Buddhismus in China flächendeckend aus.[9] Eine Zeit des relativen Friedens und der religiösen Freiheit vom 6. bis zur Mitte des 8. Jahrhunderts erleichterten dies zusätzlich.[10] Angeführt von den sechs Patriarchen als Religionsstifter prägte sich der Chan als eigenständige und bestimmbare Lehrform des Buddhismus heraus. Ein wichtiger Wendepunkt ist die Zeit um 700. Zu Zeiten dieser Jahrhundertwende entstanden die zwei Hauptströmungen des Chan: die Südliche Schule des Hui Neng, die von der Möglichkeit des plötzlichen Erwachens ausging und auf der anderen Seite die Nördliche Schule des Shen Hsius, die einen allmählichen Weg zur Erkenntnis vertrat. Die Schule des plötzlichen Erwachens setzte sich im weiteren Verlauf durch und überlebte die Nördliche Schule, die wenige Jahre nach Shen Hsius Tod erlosch.[11] Eine weitere Teilung des Chan-Buddhismus erfolgte im 9. Jahrhundert, als sich die verschiedenen Zweige des Chan herausbildeten, die man als die „Fünf Häuser des Chan" bezeichnet. Die meisten Anhänger besitzen die Häuser Lin Chi und Tsao Tung, wobei die Lehre des Lin Chi unorthodoxe Lehrformen verfolgt, wie zum Beispiel das Lösen von paradoxen Sätzen zum Ziel einer plötzlichen Erkenntnis. Die Schule des Tsao-tung beruft sich hingegen auf traditionelle stille Meditationstechniken unter der Anleitung eines Meisters.[12]

Die große Anhängerschaft des Chan-Buddhismus im 9. Jahrhundert - amtliche Quellen sprechen von rund 260.000 Mönchen und Nonnen - erschien dem konfuzianisch geprägten Staat als potentielle Gefährdung.[13] Diese Sorge speiste sich aus der Nähe des Buddhismus zu der unzufriedenen Bauernschaft und streitlustigen Fremddynastien, die in regelmäßigen Abständen gegen den Staat aufbegehrten und

---

[8] Hui 2010, S.109.
[9] Ebd., S.109 f.
[10] MÜLLER, Claudius: Zen und die Kultur Japans, Berlin 1993, S.13.
[11] Ebd.
[12] Müller 1993, S.14.
[13] Zürcher 1984, S.237.

sich die geistige Unterstützung der buddhistischen Orden sicherten.[14] Folge war die Verfolgung von Buddhisten, sowie „antibuddhistische Steuergebungen"[15], die sich gegen die Mönchs- und Nonnenorden richteten. Im 9. Jahrhundert strebte der Staat sogar eine Säkularisierung an, der die Chan-Mönche zwang, in den Laienstand zurückzukehren und ihre Orden aufzulösen.[16] Trotzdem entging der Chan-Buddhismus seiner Verfolgung und den staatlichen Repressalien weitestgehend unbeschadet. Dies mag daran liegen, dass die selbstverordnete Unabhängigkeit von Texten und materiellen Gütern wie Heiligenstatuen, die durch die Zerstörung vieler Tempel unwiederbringlich vernichtet wurden, verkraften ließ und kein Hindernis für die Wiederaufnahme der Lehre darstellte.[17] In der Zeit der Sung-Dynastie vom 11. bis zum 13. Jahrhundert erlebte der Chan-Buddhismus dann eine Blütezeit. Dieses Gefühl der wirtschaftlichen und staatlichen Sicherheit deutet Claudius Müller als Nährboden für eine „intellektuelle[...] Erstarrung"[18] in der Entwicklung des Chan-Buddhismus. Als Beispiel hierfür führt er die Milderung der radikalen Ablehnung von Buchwissen an, die als Grundsatz des Chan-Buddhismus zu werten ist. Produkt dieser Neuorientierung sind die Niederschriften der Gongan-Sammlungen, auf die gegen Ende der Arbeit noch einmal kurz eingegangen werden soll.[19] Nach der Blütezeit des Chan-Buddhismus bis zum 13. Jahrhundert nahm seine Bedeutung in China immer weiter ab. Er war jedoch weiterhin Bestandteil der chinesischen Philosophie und fest im Volksglauben verankert. Ab dem 11. Jahrhundert setzte die Verbreitung der Lehre des Chan in Japan ein. Aufgrund der dortigen kulturellen und volksreligiösen Umstände transformierte sich der Chan-Buddhismus abermals, diesmal zu einer spezifisch japanischen Strömung des Chan, dem Zen-Buddhismus. Erst ab etwa 1930 gelangte die Lehre des Chan-Buddhismus nach Europa und Amerika, stößt seitdem auf großes Interesse und findet viele neue Anhänger.[20]

3) Verortung des Chan in den Schulen des Buddhismus

Der Chan-Buddhismus ist der buddhistischen Schule des Mahayana-Buddhismus zuzuordnen. Wie auch in den anderen beiden großen Schulen des Buddhismus - dem

---

[14] Müller 1993, S.14.
[15] Ebd.
[16] Richtsfeld 1989, S.56.
[17] Müller 1993, S.16.
[18] Ebd.
[19] Ebd.
[20] Ebd., S.11.

Theravada und dem Hinayana - spielen im Mahayana-Buddhismus die vier edlen Wahrheiten und der edle achtfache Pfad eine große Rolle. Die vier edlen Wahrheiten klären darüber auf, dass alles Leben Leiden ist. Dieses Leid kann nur überwunden werden, indem das Lebewesen sich von seiner Gier befreit. Der edle achtfache Pfad kann verkürzt als Verhaltensanleitung zur Überwindung der eigenen Gier verstanden werden.[21] Der Mahayana-Buddhismus bietet im Gegensatz zu den anderen Schulen des Buddhismus auch Laien, welche von den ordinierten Mönchen und Nonnen zu unterscheiden sind, die Möglichkeit Erleuchtung zu erfahren. Ist diese Erleuchtung erreicht, hat das erleuchtete Wesen im Mahayana-Buddhismus die Möglichkeit in der Welt zu bleiben, um sein Wissen mit den anderen Wesen zu teilen, dies nennt man den Zustand des Bodhisattvas.[22] Die Grundlage vieler Schulen innerhalb des Mahayana-Buddhismus bilden schriftliche Quellen, die dem Gläubigen anhand von Lehrsätzen seinen Weg zur Erleuchtung erleichtern sollen. Eine praktische Methode hingegen ist die „Übung der Konzentration und Beobachtung des eigenen Geistes"[23], welche mit dem Sanskrit-Wort „dhyana" umschrieben wird. Buddha Shakyamuni, der historische Buddha, übte sich in ebenjener meditativen Versenkung und erlangte dadurch Einsicht in das buddhistische Gesetz, das „dharma". Er erlangte somit vollkommene Erleuchtung. Das Wort Chan ist die chinesische Transkription von „dhyana". Somit bezieht sich der Chan-Buddhismus bereits mit seinem Namen auf eines seiner grundlegendsten Elemente, die meditative Versenkung. Diese muss, so wird sich im Weiteren noch zeigen, nicht ausschließlich als Sitzmeditation begriffen werden, sondern findet im Chan-Buddhismus unterschiedlichste Lehrmethoden. Entscheidend ist für den Chan-Buddhismus, dass er versucht die buddhistische Lehre „jenseits der Tradition und jenseits von Schriften" zu übermitteln, wodurch er sich von anderen Strömungen innerhalb des Mahayana-Buddhismus unterscheidet.[24]

4) Die Patriarchen des Chan

Die sechs Patriarchen des Chan-Buddhismus können als Glaubensväter und Religionsstifter des Chan-Buddhismus in China bezeichnet werden. Ihre Biografien sind eine Mischung aus Legenden und historischen Ereignissen und wurden von

---

[21] AMBULA, Sulamit/ STOBART, Andrew u.a.: Das Religionenbuch, dt. Ausgabe, München 2014, S.155.
[22] Ebd., S. 154.
[23] PROHL, Inken: Zen für Dummies. Weinheim 2010, S. 34.
[24] Ambula/ Stobart 2014, S.160.

Hagiografen[25] nach ihrem Tod verfasst. Die Geschichten veranschaulichen Attribute eines vorbildlichen Chan-Meisters, zu denen eine lange Wanderschaft, die Suche nach einem authentischen Meister, sowie das plötzliche Erwachen und vor allem eine ungewöhnliche Lehrmethode gehören. Einige dieser unorthodoxen Lehrmethoden wie das Schlagen mit dem Stock oder das Anschreien des Schülers, mögen zunächst wenig sozial und sogar verwerflich erscheinen, sie ermöglichen jedoch Einblicke in die Praxis des Chan und sollen deshalb später genauer beleuchtet werden.[26]

Weiterhin demonstrieren die überlieferten Biografien der Patriarchen die Vielfalt der angewandten Methoden, die dem Weg zur Erleuchtung zuträglich sein können. Es mag zwar widersinnig erscheinen, den Chan anhand von prägenden Persönlichkeiten zu definieren, da die Gefahr besteht, die Glaubensgemeinschaft - also die Masse der Gläubigen – außer Acht zu lassen. Die Lebensgeschichten der Patriarchen stellen jedoch ein wichtiges Element des Chan-Buddhismus dar, welches nicht vernachlässigt werden sollte. Die Vorbildfunktion der Patriarchen ist innerhalb der Gemeinde der Gläubigen unbestritten und die Diversität ihrer Lehrmethoden und Lebenswege macht deutlich, dass die Strömung des Chan den Buddhismus als einen individuellen Weg versteht und kein dogmatisches System anzubieten versucht. Die Linie der chinesischen Patriarchen bezieht sich auf ihre 28 indischen Vorgänger, die eine orthodoxe Übermittlungslinie repräsentieren. Diese beginnt mit der Übergabe des „dharma" vom historischen Buddha Shakyamuni auf Mahakashyapa, der deshalb im Chan als erster Patriarch zu verstehen ist.[27] Der Legende zufolge erlangte Mahakashypa, ein Schüler des historischen Buddhas, seine Einsicht in die buddhistische Wahrheit, als er mit anderen Schülern auf eine Unterweisung des Buddhas wartete, dieser jedoch lediglich eine Blume in die Luft hielt und wortlos blieb. Mahakashyapa begriff als einziger und lächelte.[28] Dadurch erkannte Shakyamuni, dass Mahakashyapa Einsicht und Erleuchtung erlangt hatte und übertrug ihm als erstem das „dharma". Dies tat er auf unorthodoxe Weise und vor allem wort- und schriftlos.[29] Diese Form der Übertragung des „dharma" spielt im Chan eine zentrale Rolle, die am Beispiel der Patriarchen und ihrer Lehrmethoden verdeutlicht werden sollen.

---

[25] Hagiograf bezeichnet den Berufsstand des Verfassers von Heiligenleben.
[26] BROSSE, Jacques: Schweigen-Blüte-Lachen. Die Tradition des Zen, Düsseldorf 1994, S.104.
[27] SUZUKI, Daisetz T.: Zazen. Die Übung des Zen; Bern/ München, 2.Aufl. 1990, S.14.
[28] Brosse 1994, S.98.
[29] Hui 2010, S.38.

4.1) Der erste Patriarch Bodhidharma

Der indische Mönch Bodhidharma wird als Wegbereiter des Chan bezeichnet. Für sein Wirken steht schon sein Name, der sich aus den Sanskrit-Wörtern für Erleuchtung (bodhi) und Lehre (dharma) zusammensetzt.[30] Seine Biografie lässt sich nicht eindeutig belegen, es finden sich jedoch mannigfaltige Überlieferungen, die Szenen aus seinem Leben beschreiben und seine Lehrformen illustrieren.

Es wird davon ausgegangen, dass Bodhidharma zu Beginn des 6. Jahrhunderts von Indien nach China reiste, um die Lehre des Mahayana-Buddhismus, spezieller die Lehrform der Sitzmeditation zur inneren Versenkung - Sanskrit: „dhyana"-, zu verbreiten. Wie bereits erwähnt existierte der Buddhismus in China bereits seit etwa 400 Jahren. Dieser frühe chinesische Buddhismus war stark von Dogmen geprägt und stützte sich maßgeblich auf Glaubenssätze und das Studium buddhistischer Schriften.[31]

Nach seiner Ankunft wurde Bodhidharma, dem sein Ruf als gelehrter Mönch vorauseilte, an den Hof des Kaisers Wu der Liang-Dynastie, eines Unterstützers des Buddhismus, berufen. Der Kaiser versprach sich durch das Gespräch mit dem Mönch tiefere Einsicht in die Lehre des Buddhismus zu erlangen. Es ist folgender Wortwechsel überliefert:

> *Kaiser Wu: Was ist der religiöse Nutzen aller meiner Anstrengungen für den*
> *Buddhismus?*
> *Bodhidharma: Überhaupt nichts.*
> *Kaiser Wu: Wer bist du, dass du mir so etwas sagst?*
> *Bodhidharma: Ich weiß nicht.[32]*

Dieses Gesprächsfragment mag auf den ersten Blick unbedeutend wirken und den Mönch Bodhidharma als Provokateur erscheinen lassen. Die Antworten Bodhidharmas enthalten aber zentrale Elemente seiner Lehre, die im Folgenden genauer beleuchtet werden soll, um das Gespräch der Beiden daraufhin analysieren zu können.

---

[30] Prohl 2010, S.49.
[31] Hui 2010, S.39.
[32] Prohl 2010, S.49.

Nachdem Bodhidharma merkte, dass der Kaiser ihn nicht verstand, wanderte er weiter in die Henan-Provinz, um dort in den Bergen zu meditieren. Ganze neun Jahre saß er in sich gekehrt mit dem Gesicht zu einer Felswand.[33] Diese Meditation bildet den Mittelpunkt des Buddhismusverständnisses von Bodhidharma. Das Sanskrit-Wort „dhyana", welches für Meditation, Versenkung oder Sammlung des Geistes steht, wird in chinesischer Transkription zu „chan".[34]Bodhidharmas Lehre vom Buddhismus deutet also bereits mit seinem Namen auf die zentrale Stellung der Meditationspraxis innerhalb der Lehre. Es handelt sich hierbei jedoch noch nicht um den ausgeprägten Chan-Buddhismus. Dieser bildete sich erst mit dem Patriarchat von Hui Neng etwa 200 Jahre später als eine eigenständige buddhistische Strömung heraus. Bodhidharmas Lehre kann somit als eine Interpretation der indischen „dhyana-Lehre" gedeutet werden.[35] Dass diese Form des Buddhismus nicht alleine die Meditationspraxis umfassen muss, zeigen die von Bodhidharma formulierten vier Grundsätze des Chan:

> *Eine besondere Überlieferung außerhalb der orthodoxen Lehre, sich nicht auf Schrift und Worte stützen, sich direkt auf den Herzgeist des Menschen richten, das eigene Wesen erkennen und Buddha werden.*[36]

Aus ihnen wird deutlich, dass nicht ein dogmatisch bestimmter Weg zur Erleuchtung führen kann, sondern dass die Einsicht durch besondere Lehrformen von Meister zu Schüler vermittelt werden sollte, die keine Schriftgelehrtheit voraussetzen. Der vierte Grundsatz, der sich auf das Erkennen des eigenen Wesens bezieht, welches Voraussetzung für die Erlangung der Buddha-Natur ist, betont den individuellen Weg des Erkenntnissuchenden, der sich auch in den Lebensgeschichten der Patriarchen widerspiegelt. Bezieht man diese Grundsätze der Lehre Bodhidharmas auf das Gespräch mit dem Kaiser, so kann man daraus schlussfolgern, dass Bodhidharmas Antworten den Kaiser darauf hinweisen sollten, dass dieser keiner orthodoxen Lehre folgen sollte, die sich der Belohnung religiöser Anstrengungen und somit der weltlichen Vorstellung von Erkenntnis als Resultat rein zeitlicher Investition verschreibt. Weiterhin führt Bodhidharma dem Kaiser vor Augen, dass

---

[33] Hui 2010, S.39.
[34] Bottini 2004, S. 173.
[35] Ebd.,S.176.
[36] Hui 2010, S. 36.

die Beantwortung der Frage „Wer bist du?" erst mit der Erkenntnis über die eigene Buddha-Natur möglich ist und verdeutlicht abermals die Unmöglichkeit der wörtlichen Erklärung von Erkenntnis, die nach Bodhidharma nur durch die Übertragung des „Herzgeist" von Meister zum Schüler vermittelt werden kann.

Der wohl wichtigste Schüler Bodhidharmas war Shen Guang, der später zum zweiten Patriarchen des Chan wurde und von Bodhidharma Hui Ke genannt wurde.[37] Auf der Suche nach einem geeigneten Meister gelangte Hui Ke zu der Höhle, in der Bodhidharma seit neun Jahren meditierte. Er bat um Unterweisung, doch Bodhidharma nahm zunächst keine Kenntnis von ihm, woraufhin Hui Ke sich zum Beweis der Ernsthaftigkeit seiner Absicht einen Arm abschnitt.[38] Dies überzeugte Bodhidharma von der Ernsthaftigkeit seiner Absicht und er nahm Hui Ke als Schüler an, um ihm durch Fragen und Rätsel den Durchbruch zur Erleuchtungserfahrung zu ermöglichen. Diese enge Beziehung zwischen Meister und Schüler kann als Spezifikum des Chan-Buddhismus gewertet werden und setzt sich in der Weitergabe des Dharma vom ersten bis zum sechsten Patriarchen Hui Neng, um den es im folgenden Abschnitt gehen soll, fort.

4.2) Der sechste Patriarch Hui Neng

Erst durch den sechsten Patriarchen Hui Neng entwickelte sich der Chan-Buddhismus zu einer eigenständigen Ausprägung, die sich von anderen Strömungen des Mahayana-Buddhismus unterscheiden lässt.[39] Er wird deshalb von der Forschung als der bedeutendste Meister des Chan gewürdigt.[40] Seine Lebensgeschichte wird im „Sutra des sechsten Patriarchen, gesprochen vom Podium des Dharma-Schatzes" beschrieben.[41] Der aus dem als wenig zivilisiert geltenden Süden stammende Hui Neng lebte in ärmlichen Verhältnissen und konnte weder lesen noch schreiben. Eines Tages hörte er eine Rezitation des „Diamant-Sutra", welches alle weltlichen Phänomene und Objekte als illusorisch und substanzlos bestimmt. Die Verarbeitung dieser Worte löste in ihm eine „tiefe Erleuchtungserfahrung"[42]aus, die ihn dazu

---

[37] Hui 2010, S.39.
[38] SCHUMACHER, Stephan: Zen. Kreuzlingen/ München 2001 S.35.
[39] Hui 2010, S.40.
[40] Bottini 2004, S.180.
[41] Schumacher 2001, S.45.
[42] Ebd.

bewog loszuziehen, um einen Meister zu finden.[43] Er gelangte in das Kloster des bereits greisen fünften Patriarchen Hung Jen, welcher im Vorausahnen seines baldigen Todes einen Dharma-Nachfolger suchte. Er trug seinen Schülern auf, ein Gedicht zu verfassen, welches ihre Einsicht in die buddhistische Wahrheit repräsentiere. Die Mönche waren sich jedoch sicher, dass keiner außer Shen Hsiu, dem Ordensältesten, für das Amt in Frage käme und verzichteten auf das Verfassen eines eigenen Gedichtes. Shen Hsiu schrieb daraufhin folgende Sätze:

Der Leib, das ist der Bodhi-Baum,
Der Geist, er gleicht dem klaren Ständer-Spiegel.
Wisch ihn immer wieder rein,
Laß keinen Staub sich darauf sammeln.[44]

Der Meister Hung Jen erkannte in diesem Vers, dass Shen Hsiu noch keine Einsicht erlangt hatte und weiterhin an den Illusionen des Körperlichen und der weltlichen Phänomene festhielt. Der Mönch Hui Neng, der als Analphabet mit ärmlicher Herkunft keine hohe Stellung im Kloster besaß, bat einen seiner Ordensbrüder für ihn folgende Verse niederzuschreiben:

Im Grunde gibt es keinen Bodhi-Baum,
Noch gibt es einen Spiegel und Gestell.
Da ist ursprünglich kein (einziges) Ding –
Wo heftete sich Staub denn hin?[45]

In diesen Sätzen manifestiert sich die Erkenntnis Hui Nengs über die bloße Illusion der weltlichen Phänomene, deren Anhaftung es zu überwinden gilt. Zwar registrierte der fünfte Patriarch die tiefe Einsicht Hui Nengs, scheute sich jedoch das Dharma öffentlich an ihn zu übertragen, da er fürchtete damit Missgunst im Mönchsorden zu stiften. Also schickte er Hui Neng auf eine Wanderschaft und übergab ihm das Dharma heimlich.[46] Diese Wanderschaft, auf welcher sich Hui Neng niemals als Patriarch zu erkennen gegeben haben soll, dauerte fünfzehn Jahre, bis er sich im

---

[43] Schumacher 2001, S.45.
[44] Ebd., S.52.
[45] Ebd., S.56.
[46] Bottini 2004, S. 180.

Süden Chinas in einem Kloster niederließ und zu lehren begann.[47] Sein ehemaliger Kontrahent im Gedichtwettstreit – Shen Hsiu – lehrte bereits seit einiger Zeit im Norden Chinas seine Auslegung der Erleuchtungslehre. Es kam somit zur Spaltung des Chan-Buddhismus in eine Nördliche, von Shen Hsiu geprägte, und eine Südliche, von Hui Neng initiierte Schule des Chan-Buddhismus. Shen Hsius Nördliche Schule basierte weiterhin auf der Schriftgelehrtheit und definierte die Arbeit an der vollkommenen Erleuchtung als einen allmählichen Weg, der nur anhand strenger Meditation beschritten werden kann und orientierte sich damit stark am traditionell indischen Buddhismus. Die Nördliche Schule erlosch kurz nach dem Tod Shen Hsius. Hui Neng hingegen verschrieb sich ganz der unmittelbaren Einsicht und Erleuchtung, die durch eine Lehre ohne orthodoxe Lehrformen und den Verzicht auf Schriftgelehrtheit erreicht werden kann. Die Erleuchtung ist nach Hui Neng eine plötzliche Erfahrung.[48] Seine Lebensgeschichte zeigt vorbildhaft grundlegende Maximen des Chan Buddhismus. Zum einen beweist seine Erleuchtungserfahrung durch das Verständnis des „Diamant-Sutra" die Möglichkeit einer plötzlichen Erleuchtung. Weiterhin führt der Fakt seines Analphabetismus und seiner ärmlichen Herkunft den Gläubigen vor, dass die Buddha-Natur jedem Lebewesen innewohnt und die Erkenntnis über sie keiner Schriftgelehrtheit oder orthodoxen Lehrmethode bedarf. Dies macht seine Person zu einem beispielhaften Chan-Meister, dessen Erleuchtungsweg Vorbildfunktion hat.

Sein Patriarchat übertrug Hui Neng nicht an einen Nachfolger, weshalb die chinesische Linie der Patriarchen mit ihm endet.[49] Hui Neng wird oft als eigentlicher Begründer des Chan-Buddhismus bezeichnet, da er als erster die „Schau des eigenen Wesens"[50] zum Inhalt des Chan machte. Er wendete sich somit gegen die Annahme, die ausdauernde Meditationsübung oder der Wille zur Erlangung von Erkenntnis sei bedeutsam. Vielmehr kann nach Hui Neng die Erleuchtung nur erlangt werden, wenn die eigene Buddha-Natur erkannt wird. Dieser Moment wird als eine plötzliche Erfahrung verstanden. Mit dieser Lehre der plötzlichen Erfahrung der Verwirklichung der eigenen Buddha-Natur des Hui Neng endet die Phase der Assimilierung und Ausbreitung des indischen „dhyana" und beginnt die Geschichte des Chan.[51] Im 8. und 9. Jahrhundert bildeten sich auf Grundlage der Lehre Hui

---

[47]Bottini 2004, S.180.
[48] Ebd., S.181 f.
[49] Ebd., S.183.
[50] Suzuki 1990, S.68.
[51] Suzuki 1990, S.69 f.

Nengs verschiedene Strömungen des Chan in China heraus, die man als die „Fünf Häuser des Chan" bezeichnet.[52]

5) Die Praxis des Chan

Die praktischen Lehrmethoden des Chan sind ebenso vielfältig wie seine Schulen und Strömungen. Im Folgenden sollen zwei dieser Lehrmethoden - die Sitzmeditation und das Lösen paradoxer Lehrsätze - genauer betrachtet werden. Es soll dennoch nicht der Eindruck entstehen, dass diese beiden Methoden stellvertretend für die Praxis des Chan-Buddhismus zu werten sind. Gerade die Gongans können aufgrund ihrer Form, also Wort und Schrift, als widersprüchlich zu dem von Bodhidharma entwickelten Grundsatz der „Lehre, [die] sich nicht auf Schrift und Worte stütz[t]"[53] verstanden werden. Der Glaube an ein plötzliches Erwachen veranlasste einige Meister dazu, ihre Schüler durch Stockschläge, ohrenbetäubendes Geschrei oder Fußtritte zu einem wortwörtlichen Erwachen zu führen.[54] Die bereits im historischen Teil erwähnte Unterscheidung zwischen dem Haus des Lin Chi, welches das Lösen von Gongans praktizieren lässt und dem Haus Tsao Tung, das an der traditionellen Sitzmeditation festhält, zeigt deutlich, dass die Praktiken des Chan sich zwar unterscheiden, das Ziel dieser Übungen jedoch das gleiche ist. Diesen Lehrformen gemeinsam ist die Überwindung der Dualität und des konzeptuellen Denkens, die der Verwirklichung der eigenen Buddha-Natur[55] dienen soll.

5.1) Die Sitzmeditation – Tso Chan

Der Begriff Tso Chan setzt sich aus den chinesischen Wörtern Tso für sitzen und Chan für Versenkung zusammen und beschreibt somit die besondere Meditationsform der Sitzmeditation. Seine Praxis bezieht sich auf die Legende des Patriarchen Bodhidharma, der ganze neun Jahre lang mit dem Gesicht zu einer

---

[52] Müller 1993, S.13.
[53] Hui 2010, S.35.
[54] Schumacher 2001, S. 63f.
[55] Die Buddha-Natur stellt einen zentralen Begriff im Mahayana-Buddhismus dar. Er beschreibt das Potenzial jedes Lebewesens die absolute Wahrheit zu erkennen, in welcher weltliche Dinge und Gedankenkonzepte als Illusionen erkannt werden. (SCHERER, Burkhard: Basiswissen Buddha. Gütersloh 2001, S.66).

Felswand gewendet meditiert haben soll.[56] Voraussetzung für die Sitzmeditation ist der Glaube an die vollkommene Erleuchtung des historischen Buddhas, die die grundlegende Möglichkeit der Erleuchtung eines menschlichen Wesens beweist. Weiterhin muss der Schüler an sein eigenes Potenzial zur vollkommenen Erleuchtung und im Bewusstsein über seine bisher unverwirklichte Buddha-Natur meditieren.[57] Die Wirkung des Tso Chan ist mannigfaltig, grundlegendes Ziel ist jedoch die Steigerung der Konzentration und die Sammlung des Geistes. Durch die Sitzmeditation soll eine Beruhigung der Sinne erwirkt werden, die eine Loslösung von weltlichen Gedanken und Einflüssen, sowie dem konzeptverhafteten logischen Denken ermöglichen. [58] Aus diesem Zustand der „Nicht-Unterscheidung", des „Nicht-Denkens" und des gesammelten Geistes ist das Erwachen des Schülers und somit die Verwirklichung seiner Buddha-Natur möglich.[59]

5.2) Das Lösen paradoxer Lehrsätze - Gongan

Das Erzählen und Lösen eines Gongan stellt eine weitere spezifische Lehrmethode des Chan-Buddhismus dar und findet auch im japanischen Zen-Buddhismus Verwendung. Das chinesische Wort Gongan ist mit „juristischer Präzendenzfall" [60] zu übersetzen. Die Niederschrift der beiden wichtigsten Gongan-Sammlungen erfolgte in der Blütezeit des chinesischen Chan vom 11. Bis zum 13. Jahrhundert, also lange nach dem Wirken der sechs Patriarchen. Die Sammlungen „Die Niederschrift der Smaragdenen Felswand"[61]aus dem endenden 11. Jahrhundert und „Die torlose Schranke"[62] aus dem 13. Jahrhundert umfassen 148 Gongans und wurden von gelehrten Mönchen aus den Häusern des Lin Chi, Fayan und Yun Men verfasst.[63] Die Gongans sind oft in der Form paradoxer Dialoge oder Fragen aufgebaut, deren Lösung dem Schüler die tiefere Einsicht in die buddhistische Wahrheit erleichtern soll. Die chinesisch-japanische Tradition zählt insgesamt 1700 Gongans.[64] Ein Beispiel für ein Gongan bietet folgender Dialog zwischen dem

---

[56] WACHS, Marianne: Zazen. Die grundlegende Praxis im Zen-Buddhismus (S.128- 144) in: Marianne Wachs (Hrsg).: Form ist Leere – Leere Form, Band 3, Berlin 2005, S. 129.
[57] Wachs 2005, S.130.
[58] Ebd., S.131f.
[59] Ebd., S.133.
[60] Prohl 2010, S.67.
[61] chin.: Biyan Lu.
[62] chin.: Wumenguan.
[63] Prohl 2010, S.67.
[64] SCHUMANN, Hans Wolfgang: Buddhismus. Stifter, Schulen, Systeme, Olten 1976, S. 202.

Meister Yun Men, dem Begründer eines der „Fünf Häuser des Chan" und einem seiner Schüler:

Ein Mönch fragte Meister Yunmen: „Was ist das Wesentliche des Daseins eines Flickenkutten-Mönchs?"
Der Meister entgegnete: „Du bist dran!"
„Bitte Meister, sagt es mir!"
„Zitherspielen für eine Kuh!"[65]

In der praktischen Anwendung des Gongan fordert der Meister den Schüler auf sein Verständnis des paradoxen Dialoges zu schildern. Dieser, sofern er nicht bereits tiefere Einsicht erlangt hat, wird zunächst am Verständnis des paradoxen Dialogs scheitern. Er beginnt mit der erkenntnistheoretischen und auf die Logik gestützten Analyse des Gesagten und merkt, dass es ihm mit diesem Ansatz nicht möglich sein wird, den tieferen Sinn des Gongans zu begreifen. Der Meister setzt den Schüler im weiteren Verlauf unter Druck, indem er alle seine Denkansätze widerlegt und ihn an sich selbst zweifeln lässt. Somit wachsen die Dringlichkeit und der unbedingte Wille des Schülers das Rätsel zu lösen. Die Frage, in diesem Fall nach dem Wesentlichen des Daseins eines Mönches, wird für ihn somit zu einer existenziellen Frage, für deren Beantwortung er seine gesamten inneren Ressourcen aktivieren muss. Ziel ist es, den Schüler hinter die Schranken des dualistischen und weltlichen „Jedermannsbewußtseins" zu führen und somit einen Zustand des erleuchteten Begreifens zu erlangen.[66] Die Gongans sind also ein Instrument der Lehre des Chan, das von den Chan-Meistern genutzt wird, um dem Schüler durch das Hinterfragen seiner weltlichen Denkmuster und seines logischen Denkens Einsichten in die buddhistische Wahrheit zu erleichtern, um ihn letztlich zur Erkenntnis anzuspornen.

6) Zusammenfassung und Ausblick

Abschließend sollen die Erkenntnisse aus der vorliegenden Arbeit noch einmal knapp zusammengefasst werden. Die Betrachtung der Geschichte des Chan zeigte den Weg des Buddhismus von Indien nach China, wo sich die ursprüngliche „dhyana-Lehre" transformierte und durch das Zusammentreffen mit den

---

[65] Schumacher 2001, S. 42.
[66] Prohl 2010, S.39.

Glaubensrichtungen des Daoismus und des Konfuzianismus zu einem chinesischen Buddhismus - später zum Chan-Buddhismus - wurde. Erst um das Jahr 700 ist es möglich, den Chan anhand seiner Charakteristika als eigenständige Schule innerhalb der Schule des Mahayana-Buddhismus zu bestimmen. Seine Besonderheit ist mit den ungewöhnlichen Lehrmethoden und dem Verzicht auf Schriftgelehrtheit benannt. Als zentrales Element des Chan ist die Übung der meditativen Versenkung herausgestellt worden. Die Vorbildfunktion der Patriarchen wurde mittels einer Betrachtung der Lebensgeschichten und Überlieferungen der Patriarchen - den Glaubensstiftern des Chan – thematisiert. Der Vergleich zwischen dem ersten Patriarchen Bodhidharma und dem sechsten Patriarchen Hui Neng machte die Diversität der Lehrmethoden deutlich und ließ eine Bestimmung des Chan, als Anleitung zu einem individuellen Weg der Erleuchtung, zu. Anhand der Analyse der Lehrmethoden der Sitzmeditation und des Lösens paradoxer Rätsel wurde angedeutet, wie vielfältig sich die praktische Umsetzung im Chan-Buddhismus gestaltet.

Eine interessante weiterführende Arbeit könnte sich mit den Gemeinsamkeiten und Unterschieden zwischen dem chinesischen Chan-Buddhismus und der japanischen Entwicklung des Zen-Buddhismus beschäftigen. Weiterhin würde mich die philosophische Auseinandersetzung mit der Beziehung zwischen Wort, Schrift und den Gedankenkonzepten, die im Verständnis des Chan überwunden werden sollen interessieren. Dies müsste jedoch in einer eigenständigen und umfassenderen Arbeit geschehen.

LITERATURVERZEICHNIS

AMBULA, Sulamit/ STOBART, Andrew u.a.: Das Religionenbuch, München 2014.

BOTTINI, Oliver: Das große O.W. Barth-Buch des Buddhismus. Frankfurt a. Main 2004.

CLART, Philip: Die Religionen Chinas. Göttingen 2009.

HUI, Jing: Die Tore des Chan-Buddhismus; Bielefeld 2010.

MÜLLER, Claudius: Zen und die Kultur Japans. Berlin 1993.

PROHL, Inken: Zen für Dummies. Weinheim 2010.

RICHTSFELD, Bruno J.: Konfuzianismus-Daoismus-Buddhismus in: Claudius Müller (Hrsg.): Wege der Götter und Menschen. Religionen im traditionellen China, Berlin 1989.

SCHERER, Burkhard: Basiswissen Buddha. Gütersloh 2001.

SCHUMACHER, Stephan: Zen. Kreuzlingen/ München 2001.

SCHUMANN, Hans Wolfgang: Buddhismus. Stifter, Schulen, Systeme, Olten 1976.

SUZUKI, Daisetz T.: Zazen. Die Übung des Zen. 2. Aufl., Bern/München 1990.

VON BRÜCK, Michael: Zen. Geschichte und Praxis, München 2004.

WACHS, Marianne: Zazen. Die grundlegende Praxis im Zen-Buddhismus in: Marianne Wachs (Hrsg).: Form ist Leere – Leere Form, Band 3, (S.128-144) Berlin 2005.

ZÜRCHER, Erik: Buddhismus in China, Korea und Vietnam in: H. Bechert/ R. Gombrich (Hrsg.): Der Buddhismus. Geschichte und Gegenwart, München 1984.